AF279367

Enzo, mi capitán

Escrito por
Lorena Greus

Ilustrado por
Estela Macia

Título original: *Enzo, mi capitán*
Autora: Lorena Greus

Diseño e ilustración: Estela Macia
Redes sociales del ilustrador: @namistels

Publicado por Editorial Gusanillo 2026
Redes sociales de la editorial: @editorialgusanillo
Página web de la editorial: www.editorialgusanillo.es

Impreso y encuadernado en España
Código de Depósito Legal: V-5347-2025
ISBN: 979-13-87530-80-8

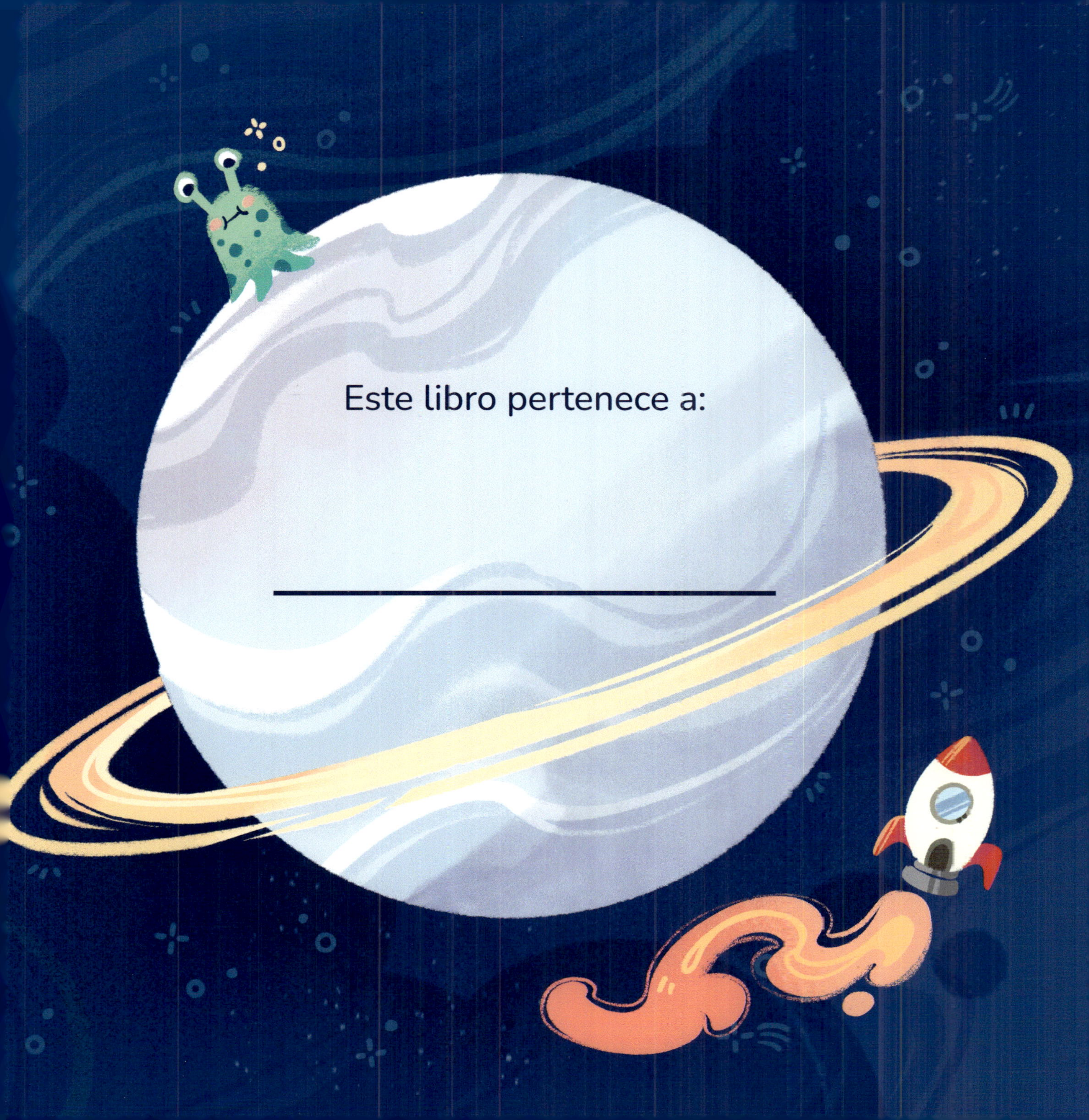
Este libro pertenece a:

Enzo tenía 4 años y era un **superhéroe** desde que nació. No hablaba. No oía. No se movía mucho.

Pero cuando sonreía...

TODO
BRILLABA.

Llevaba **AUDÍFONOS MÁGICOS**, unas **GAFAS DE SÚPER VISIÓN** y su **SILLA RELÁMPAGO 3000** decorada con dragones de colores.

Enzo tenía un tubo especial en su pancita.
Pau, su hermano, decía que era su
CABLE DE ENERGÍA GALÁCTICA.

Pau tenía tan solo 2 años.
Era pequeño, sí, pero sabía todo sobre Enzo.
Era su voz, su traductor y su mejor amigo.

—¡Mi hermano es un superhéroe silencioso!
—gritaba Pau—. ¡Pero puede volar con la risa!

Juntos, viajaban por GALAXIAS, rescataban GATOS DE FUEGO y luchaban contra MONSTRUOS hechos de... ¿mantas?

Enzo no decía palabras,
pero sus OJOS lo contaban TODO:
ESTOY
FELIZ

VAMOS ALLÁ
ME GUSTA ESTO

Un día, Enzo se cansó. Mucho más que antes.

Los hermanos ya no jugaban tanto. Enzo necesitaba descansar más. Pero todavía sonreía... un poquito.

Una noche, Enzo abrió los ojos.
Llevaba sus audífonos
y su capa de hérce.

Pau tomó su mano y susurró:
—Te amo, hermano. Eres mi héroe para siempre.

Enzo... sonrió.
Una sonrisa pequeña y suave y
como una estrella fugaz... voló.

—Se fue a su planeta —dijo Pau—
a salvar mundos nuevos.

Desde entonces, Pau mira el cielo y dice:

—Enzo dice que hoy el cielo está bonito. Que nos manda muchos besos en el viento. Porque Enzo nunca se fue del todo. **Vive en la risa, en los cuentos y en cada corazón que se llena de amor.**